Sur les pas
de
Lamartine

J. MARIOTTE

Sur les pas de Lamartine

Et moi, Seigneur, aussi, pour chanter tes merveilles.
Tu m'as donné dans l'âme une seconde voix,
Plus pure que la voix qui parle à nos oreilles,
Plus forte que les vents, les ondes et les bois.

(Invocation. Harmonies, I.)

RECONNAISSANCE

AVANT-PROPOS

Au temple indestructible de la Reconnaissance, nous venons, à notre tour, apporter à Lamartine notre tribut d'admiration, en essayant de ciseler un nouvel anneau à la chaîne d'or des souvenirs qui se rattachent à sa chère mémoire.

Puissent ces pages attirer d'autres fervents au divin poète, à l'orateur, à l'historien, qui nous a laissé lire dans son grand cœur pour fortifier le nôtre, l'embellir et le rendre capable de belles et de bonnes actions.

J. M.

Sur les pas de Lamartine

UNE MATINÉE DE PRINTEMPS

Le coucou chante dans les bois...

Un gai matin réveille la montagne engourdie.

La vallée de Saint-Point s'illumine, de timides rayons font miroiter les sources, se glissent parmi les églantiers et les jeunes fougères ; l'abeille frileuse, sortie trop tôt de sa ruche, tourbillonne, s'égare, se cache sous les genêts en fleurs, butine, bourdonne et s'enfuit vers les peupliers qui scintillent au bord du Valouzin.

Le petit village de Saint-Point s'anime, la terre paraît heureuse... les prairies sont émaillées de marguerites blanches.

En pèlerin qui se sent devenir meilleur au fur et à mesure qu'il marche et s'approche du but, je contemple avec ravissement cette beauté sereine de la nature — cette fête de printemps — et je cueille... mais, que faire d'une marguerite, si ce n'est pas pour l'effeuiller ?

L'effeuiller !

Oh ! n'est-ce pas meurtrir la fleur que d'arracher ses pétales pour les jeter au vent ? Faut-il froisser son cœur d'or et la faire souffrir, pour avoir le plaisir de consulter l'oracle ?

Non, non, je la couvre, au contraire, d'un regard protecteur et, pieusement, je l'enserre dans mon herbier, comme dans un écrin soyeux.

Des milliers de petites têtes curieuses se dressent pour voir la place occupée par leur sœur. Elles interrogent.

Où va-t-elle ?

Un sourire leur répond.

Alors, dans leur langage, que je comprends, elles m'invitent à m'asseoir pour me raconter toutes sortes de jolies choses...

« Il y a cent ans, commencent-elles...

« Cent ans ! ! ! nous étions déjà par ici et nous y serons encore dans deux mille ans.

« Naître pour charmer et mourir en aimant, renaître et disparaître, tel est notre destin. Il a passé près de nous, lui, le divin poète, et c'est lui que nous chantons pendant notre vie éphémère des premiers jours de juin.

« Grand, svelte, superbe de traits, le buste droit, élégant, il venait à nous, rêveur, d'un pas rythmé, ailé ; de sa voix grave et sonore, il appelait ses lévriers : Fido, Stello, Perlino, Black, Fog, Gazelle, Ischia ; ou bien, chevauchant sur Saphir, la fière jument noire, à l'œil de feu, au front étoilé, il franchissait l'obstacle, fendait l'azur, glanait en esprit dans les champs de l'Infini et ne s'arrêtait que pour subvenir à la détresse de l'indigent, encourager d'une bonne parole le laboureur et, en bienfaiteur anonyme, pour remplir de piécettes d'argent les sabots que les petits paysans avaient oubliés au détour du sentier, pour courir plus vite après leurs bêtes qui commettaient des larcins dans le pré du voisin.

« Voyez d'ici l'énorme châtaignier qui dresse ses branches millénaires au-dessus du hameau de Joux ; combien de fois M. de Lamartine n'a-t-il pas attaché là sa monture ! Autrefois, tout auprès, il y avait une chaumière : celle de Jacques du bon Dieu, autrement dit *Claude des Huttes* [1]. Le poète le visitait souvent, soit qu'il entrât dans la masure pour se convaincre davantage que l'homme n'a pas besoin de luxe, ni de grand'chose pour sa tranquillité personnelle, soit qu'il s'étendît sur un quartier de roche grise à côté de Claude, au milieu des chèvres, des brebis, pour deviser ainsi avec le tailleur de pierres de Saint-Point. »

[1] *Le Tailleur de pierres de Saint-Point*, p. 21.

— Vous ne vous ennuyez donc pas trop dans cet ermitage, au milieu des brouillards, des neiges et des grands vents, du silence, de la solitude ?

— Oh ! non, Monsieur, jamais je ne m'ennuie. Est-ce qu'on peut s'ennuyer dans la compagnie de Celui qui sait tout, qui dit tout, qui écoute tout ce que nous avons à lui dire et qui ne se fatigue jamais de nous entendre et de nous répondre dans le cœur ?

— Non, mais il faut une grande concentration d'esprit unie à une grande élévation de l'âme pour n'être pas distrait de cette conversation intérieure avec le bon Dieu, pour n'être pas assourdi par les bruits du monde et entraîné dans le courant des plus petites pensées. En un mot, il faut être doué d'un sens particulier, d'un sens qui est commun à tous les hommes, mais qui n'est pas développé chez tous dans la même mesure, d'un sens plus intellectuel et plus divin que tous nos autres sens, le sens de l'Infini, le sens de Dieu, autrement dit, mon pauvre Claude ! Il paraît que vous avez à un degré supérieur ce sens de Dieu, le don des dons, la souveraine intelligence chez le savant ou chez l'ignorant, la souveraine richesse chez le riche ou chez le pauvre, la souveraine félicité chez l'homme heureux ou chez l'homme malheureux. Je parais au monde plus instruit et plus grand que vous, mais je vous respecte, je vous envie et je vous admire et c'est pour entendre ce sens supérieur par la bouche d'un simple artisan que je me suis dit : « Montons là-haut ! » Dieu se révèle dans les buissons de feu quelquefois ; on trouve toujours plus de paix, plus de lumière et plus de sérénité à mesure qu'on s'éloigne des vallées où fourmillent les hommes et qu'on s'élève sur les hauteurs où cesse leur bruit.

— Ah ! Monsieur, vous vous êtes bien trompé, je n'ai pas seulement un mot sur la langue. Le bon Dieu aurait aussi bien fait de me faire muet ; car, excepté pour appeler mes chèvres, mes moutons et mon chien par leurs noms, je n'ai jamais senti le besoin de parler.

— Il y a des âmes si pleines de pensées et de sentiments qu'elles ne peuvent les répandre. Peut-être que la vôtre est ainsi.

— Oh ! je ne crois pas, Monsieur ; je ne dis rien parce que je n'ai rien à dire.

— Mais alors, quelque chose parle donc en vous quand vous faites silence ?

Si vous n'avez jamais été à l'école, ni au catéchisme, qu'on n'enseignait pas dans votre enfance, ni rien lu dans les livres où l'on parle de Dieu, comment savez-vous qu'il existe seulement un Dieu ?

— Ah ! Monsieur, d'abord notre mère nous l'a bien dit, et puis, après, j'ai bien connu de bonnes âmes qui m'ont conduit dans des maisons de prières où l'on se rassemble pour l'adorer et le servir en commun et pour écouter les paroles qu'Il a chargé ses saints de révéler aux hommes en son nom.

Est-ce qu'il n'y a pas un catéchisme dans tout ce qui nous entoure, qui enseigne aux yeux et à l'âme des plus ignorants ?

Je ne sais pas comment sont faits les autres

hommes, Monsieur ; mais, quant à moi, je ne pourrais voir, je ne dis pas une étoile, mais seulement une fourmi, une feuille d'arbre, un grain de sable, sans lui dire : « Qui est-ce qui t'a fait ? »

— Et vous répondez : « C'est Dieu ».

— Bien entendu, Monsieur ; ça ne peut pas se faire soi-même ; car, avant de faire une chose, il faut être, n'est-ce pas ? Et avant d'être, ça n'était pas : donc ça ne pouvait pas se faire. Ça n'est pas plus fin que ça. Du moins voilà comment je me suis dit la chose ; mais vous devez la savoir de bien d'autres manières plus savantes que celle-là.

— Non, toutes les manières aboutissent à la vôtre. On peut les dire en plus de paroles, non en plus de sens. Des effets sans cause ; une chaîne immense qui remonterait et descendrait jusqu'à l'infini des élévations et des profondeurs de l'espace, qui porterait des mondes et des mondes suspendus en tous sens à ses innombrables anneaux et qui n'aurait point de premier chaînon ! Voilà les mondes sans Dieu, mon pauvre Claude. Une obscurité que vous ne voudriez pas dire tout haut à votre chien de peur de révolter l'instinct d'une bête, n'est-ce pas ? Ceux qui ne voient pas Dieu ne m'ont jamais paru des hommes. Ce sont, à mes yeux, des êtres d'une espèce à part, nés pour contredire la création, pour dire non là où la nature entière dit oui, des ombres intellectuelles que Dieu a créées sous forme humaine pour faire mieux ressortir la splendeur de son évidence par l'absurdité de leur aveuglement. Ils ne me scandalisent pas, ils m'attristent ; je ne les hais pas, je les plains ; ce sont les aveugles de l'âme : Dieu leur rendra les yeux.

— Est-ce qu'il y a des hommes comme ça ?

— On le dit : je ne l'ai jamais cru.

*
* *

Un jour, comme le poète descendait la route de Milly (*prononcez Mi-i*) à Saint-Point, il rencontra à flanc de coteau le père Dutemps [1], un vieux *coquetier* de jadis, adossé contre les pierres disjointes d'un mur de clôture ; le brave homme n'y voyait plus et faisait paître son âne en égrenant son chapelet. Le galop de Saphir avait fait bondir l'âne du côté de son maître et le père Dutemps brandissait déjà son bâton pour écarter le danger.

— Rassurez-vous, père Dutemps, j'ai repris le cheval, il ne fera ni peur à votre âne, ni mal à vous.

— Vous me connaissez donc, puisque vous avez dit mon nom ? murmura l'aveugle. Mais moi, je ne vous connais pas. C'est qu'il y a bien longtemps que je ne puis plus connaître les hommes qu'à leur voix. Les arbres et les murs, oui, cela ne change pas de place ; mais les hommes, non, cela va, cela vient, aujourd'hui ici, demain là, cela court comme de l'eau, cela

[1] Lettre à M. d'Esgrigny, 4 novembre 1849. *Cours familier de littérature*, t. III, p. 193.

change comme le vent; à moins de les voir, on ne sait pas à qui l'on parle, et je ne les vois plus. Par exemple, quand ils m'ont une fois parlé, je les reconnais toujours au son de leur voix : la voix, c'est comme une personne dans mon oreille. Mais, je ne me souviens pas d'avoir jamais entendu la vôtre. Qui êtes-vous donc, si cela ne vous offense pas?

— Hélas! père Dutemps, cela prouve que ma voix a bien changé, comme mon visage, car vous l'avez entendue bien souvent sous le vieux sorbier de votre cour, quand nous ramassions, au pied de l'arbre, les sorbes que la Madeleine, votre femme, faisait mûrir sur la paille ou quand je rappelais les chiens courants de mon père, au bord du grand bois, au-dessus de votre champ de blé noir.

Il renversa sa tête en arrière, ôta son bonnet d'où roulèrent sur ses joues des écheveaux de cheveux blancs et fins comme une toison et il recula machinalement en arrière, à deux pas.

— Vous êtes donc monsieur Alphonse? s'écria-t-il (les paysans de ces contrées ne savent de mes noms que celui-là). Il n'y a que lui qui a connu Madeleine. Hélas! que Madeleine aurait donc de plaisir à le revoir, si elle vivait! ajouta-t-il avec un accent de regret attendri.

— Oui, c'est moi, père Dutemps, donnez-moi votre main que je la serre encore, en reconnaissance des bons services que vous nous avez rendus, des bons fagots que vous nous avez brûlés, des bonnes galettes de sarrasin que vous nous avez cuites à votre feu et de l'amitié que Madeleine, ses filles et vous, vous aviez pour notre mère et pour ses enfants. Il y a bien longtemps de cela, mais, voyez-vous, la mémoire, dans les cœurs d'enfants, c'est comme la braise du foyer éteint pendant le jour dans la maison : cela tient la cendre chaude, et quand la nuit vient, cela se rallume dès qu'on la remue.

— Est-ce possible ? Quoi ? c'est bien vous ! Mais, est-il bien vrai que vous allez vendre ces prés, ces vignes, ces bois, cette bonne maison que le soleil faisait reluire comme les murs d'une église au fond du pays ?

— Ne parlons pas de cela, père Dutemps. Dieu est Dieu ; les prés, les terres et les maisons sont à Lui, et Il les change de maître quand Il veut. Je ne sais pas ce qu'Il ordonnera de nous, mais souvenez-vous toujours de mon père, de ma mère, de mes sœurs, de ma femme et de moi et quand vous direz vos prières sur votre chapelet, réservez toujours sept ou huit grains en mémoire d'eux.

*
* *

Et voici venir l'enfant de lumière, au front virginal, au teint vermeil, aux grands yeux irisés, aux boucles blondes, tout l'orgueil et le bonheur de ses parents : c'est la petite Julia, la fille unique du divin poète. Elle traverse le parc du château de Saint-Point en relevant un pan de sa robe de linon brodé, suivie de la chèvre blanche, son joujou vivant, qui gambade autour d'elle et mordille dans sa main quelques feuilles de frêne.

Ayant aperçu son père auprès de la barrière, elle accourt vers lui... Des bras caressants s'ouvrent pour la recevoir, l'enveloppent et la bercent, un tendre baiser répond à ses accents chéris :

« Mon papa, mon cher papa !

« J'ai trouvé la mère Jeanne, la voilà toute consolée.

« — Et qui l'a consolée, je te prie ? Est-ce toi, Julia ?

« — C'est moi.

« La pauvre mère Jeanne pleurait sa vache morte et disait qu'elle ne pouvait plus vivre, puisqu'elle n'avait plus ni lait, ni beurre, ni fromage à vendre dans le bourg. J'étais très affligée d'un si grand chagrin et j'ai demandé combien coûterait une très bonne vache. « Cent « cinquante francs, » m'a-t-on répondu. J'avais le double dans ma bourse. Maman m'a remis huit de mes pièces d'or et je les ai portées au père Litaut, qui m'a rendu dix francs en me montrant une vache bien meilleure, selon lui, que n'était l'autre.

« J'ai souhaité d'aller sans retard à la chaumière de la mère Jeanne, à qui j'ai donné la nouvelle vache et les dix francs de surplus.

« Elle aurait bien dû toujours être un peu triste d'avoir perdu sa première vache qu'elle connaissait et qu'elle aimait, cependant elle a essuyé ses larmes en apercevant l'argent et la nouvelle vache, elle m'a même paru aussi contente qu'elle était désespérée ce matin.

« — Que t'a-t-elle dit ?

« — Elle m'a dit : « Que la Vierge Marie et « tous les saints du bon Dieu soient avec « vous ! [1] ».

Etoile du matin, mon espoir et ma joie,
Lève-toi dans ta grâce et ta sérénité.
Que ton beau front, voilé sous ses boucles de soie,
Répande autour de nous un peu de sa clarté.

Sur ces traits d'un enfant, la vie a tous ses charmes,
Ces lèvres de corail ne s'ouvrant qu'au baiser,
Et l'œil y cherche en vain ce sentier que les larmes
Sur toute joue, hélas ! un jour doivent creuser.

Heureux qui peut se dire, en contemplant cet âge :
Douce enfant de mon cœur, voilà ce que je fus.
Mon bonheur dura peu, mais j'en revois l'image
Dans l'âme et dans les traits que je chéris le plus.

LAMARTINE [2].

*
* *

Un souffle aérien, saturé d'aromes balsamiques, fit ondoyer les graminées et frémir les marguerites...

« C'est un vent du Liban ou des plages de Syrie, » murmurent-elles.

[1] D'après M. J. DES COGNETS.

[2] Au poète Manzoni. Poésie accompagnant un portrait de Julia.

Julia l'a respiré à Beyrouth, puis elle a passé comme le lis de la vallée : son printemps est éternel !

A ce faible bruit succéda un long silence, pareil à celui d'un ange qui se recueille en repliant ses ailes, et mon regard se reporta aussitôt vers la croix de granit qui sépare les deux chemins de la montagne à la plaine.

Elle me parut plus grande encore cette croix, en évoquant : l'*Hymne au Christ*, cette harmonie des *Harmonies*, et je la répète en souvenir du poète qui, auréolé de gloire, encensé de l'univers, adorait plus encore le Seul Grand !

« L'homme n'a qu'une véritable gloire, disait-il, s'humilier. »

Verbe incréé ! Source féconde
De justice et de liberté,
Parole qui a guéri le monde,
Rayon vivant de vérité,
Est-il vrai que ta voix, d'âge en âge entendue,
Pareille au bruit lointain qui meurt dans l'étendue,
N'a plus pour nous guider que des sons impuissants ?
Et qu'une voix plus souveraine,
La voix de la parole humaine,
Etouffe à jamais tes accents ?

Mais la raison c'est toi, mais cette raison même
Qu'était-elle avant l'heure où tu vins l'éclairer ?
....
L'astre qu'à ton berceau le nuage vit éclore,
L'étoile qui guida les bergers de l'aurore

Vers le Dieu couronné d'indigence et d'affront,
Répandit sur la terre un jour qui luit encore,
Que chaque âge à son tour reçoit, bénit, adore,
Qui dans la nuit des temps jamais ne s'évapore
Et ne s'éteindra pas quand les cieux s'éteindront.

Ils disent cependant que cet astre se voile,
Que les clartés du siècle ont vaincu cette étoile ;
Que ce monde vieilli n'a plus besoin de toi !
Que la raison est seule immortelle et divine ;
Que la rouille des temps a rongé ta doctrine.

....

Et l'aveugle raison demande quels miracles
De cette loi vieillie attestent les oracles.
Ah ! le miracle est là, permanent et sans fin.

....

Mais l'ère où tu naquis, toujours, toujours nouvelle,
Luit au-dessus de nous comme une ère éternelle.
Une moitié des temps pâlit à ce flambeau,
L'autre moitié s'éclaire au jour de tes symboles ;
Deux mille ans, épuisant leurs sagesses frivoles,
N'ont pas pu démentir une de tes paroles,
Et toute vérité date de ton berceau.

Et c'est en vain que l'homme, ingrat et las de croire,
De ses autels brisés et de son souvenir,
Comme un songe importun veut enfin te bannir ;
Tu règnes malgré lui jusque dans sa mémoire.

....

Et tu revis partout, jusque dans la pensée,
Jusque dans la haine insensée
De tes ingrats blasphémateurs !

....

Tu gardes, quand l'homme succombe,
Sa mémoire après le trépas,
Et tu rattaches à la tombe
Les liens brisés ici-bas ;
Les pleurs tombés de la paupière
Ne mouillent plus la froide pierre,

Mais, de ces larmes s'abreuvant,
La prière, union suprême,
Porte la paix au mort qu'elle aime,
Rapporte l'espoir au vivant.
. . . .

Oui, de quelque faux nom que l'avenir te nomme,
Nous te saluons Dieu ! car tu n'es pas un homme.
L'homme n'eût pas trouvé dans notre infirmité
Ce germe tout divin de l'immortalité.
. . . .

Règne à jamais, ô Christ, sur la raison humaine,
Et de l'homme à son Dieu sois la divine chaîne !
. . . .

Pour moi, soit que ton nom ressuscite ou succombe,
O Dieu de mon berceau, sois le Dieu de ma tombe !
Plus la nuit est obscure, et plus mes faibles yeux
S'attachent au flambeau qui pâlit dans les cieux ;
Et quand l'autel brisé que la foule abandonne
S'écroulerait sur moi... temple que je chéris,
Temple où j'ai tout reçu, temple où j'ai tout appris,
J'embrasserais encor ta dernière colonne,
Dussé-je être écrasé sous tes sacrés débris !

*
* *

Encore un hymne, Lamartine.

Encore ! encore ! !

Et je pourrai dire comme vous, en cette solitude bénie :

D'où me vient, ô mon Dieu, cette paix qui m'inonde ?
D'où me vient cette foi dont mon cœur surabonde [1] ?
. . . .

[1] *Harmonies poétiques et religieuses :* Bénédiction de Dieu dans la solitude, livre V, v.

Des larmes, disent les reines-des-prés, de vraies larmes d'amour? Ah! ce ne sont pas les premières qui se répandent ici, lorsque la poésie sacrée vole sur les lèvres du pèlerin, avec un saint transport!

Réjouissons-nous donc, le sol est fécond... nous vibrons à l'unisson!

Délivre-nous de l'ivraie, pèlerin, emporte-nous; les âmes exclusivement tendres ont le culte du souvenir; nous te ferons connaître les arbres virgiliens sous lesquels Lamartine a rêvé... Va... suis ses pas... l'air de Saint-Point est pur, vivifiant, il est à *Lui*, tu le respires... il t'enivre déjà! Cueille... cueille... pèlerin! parmi nous, choisis les plus belles...

Et maintenant, fier de ta moisson, entre dans la forêt des chênes.

« Ces chênes, dit Lamartine, ont inspiré tant de vers que leurs échos, s'ils pouvaient parler, parleraient en strophes et murmureraient en rythmes. »

Cette chênaie contenait autrefois trois cents arbres robustes; aujourd'hui, il n'en reste plus qu'un de taille imposante, dont les vastes rameaux se propagent et s'étagent à une hauteur prodigieuse. On l'appelle : *l'arbre de Jocelyn*.

Les oiseaux, le merle jaseur même, semblent respecter sa présence; car le Génie l'habite ; ces petits bardes ailés nichent et se perchent aux alentours, modulent timidement et se taisent...

Oserai-je franchir le seuil de cette retraite favorite du Poète ?

D'ici, par des éclaircies d'arbustes nains, j'aperçois le village de Bourg-Vilain, privé maintenant de son moulin rustique ; puis, en ligne droite, quelques clochetons, pauvres restes monastiques de la célèbre abbaye de Cluny.

Je m'accroche à des bouquets de houx, dont la sève, toujours neuve, vernit sans cesse l'écorce ; je marche lentement sur des tapis de mousse et de feuilles mortes d'hiver ; je retiens mon haleine, en écartant de la main des branches de syringa ; de tout petits papillons rouges, jolis comme des amours, m'indiquent, çà et là, de leur vol cadencé, où sont tombées, de la lyre du Poète, les strophes magistrales.

Quelle solennité sous ce dôme de verdure, à travers lequel s'estompe le bleu clair du firmament ! On n'entend aucun bruit et je reste immobile.

Lamartine m'apparaît comme dans un songe : étendu, selon son habitude, à la campagne, dans la pose majestueuse, nonchalante d'un émir oriental ; son visage est d'une pâleur transparente, ses cheveux châtains et bouclés flottent sur son noble front ; le regard est lointain... mystique... inspiré ! Sur les tempes, perle la sueur de l'extase ; chacune de ses respirations est un cri d'adoration. Sa main, souple et fine, traduit, de cette belle écriture lyrique, moulée, calme et franche, cette poésie d'élu qui jaillit brûlante, s'épanche et se déverse comme un baume délectable.

Une tablette en bois d'acajou lui tient lieu de pupitre ; les rimes succèdent aux rimes, les grandes pages de papier vélin glacé se remplissent avec hâte et s'éparpillent autour de lui sans surcharge ni rature, ou si peu !

Lamartine ne se relisait jamais, il ne se corrigeait pas, il ne revenait pas sur ses élans d'âme.

« Il va... de sa grande aile, oublieux et rapide [1]. »

Ecrire cent vers dans une matinée était pour le Maître un exercice familier. Mais il ne fallait pas que le travail de ses pensées fût interrompu et que le son d'une voix humaine vînt frapper son oreille et s'interposât entre lui et sa Muse, l'obligeant ainsi à quitter la musique des sphères pour le trop réel terre à terre ; cela provoquait dans tout son être, pétri d'idéal et nourri d'intelligence, un ébranlement douloureux.

[1] Michelet.

Philibert, marguillier de Saint-Point, racontait qu'il avait été l'un des témoins fautifs de ce choc et que M. de Lamartine, après l'avoir réprimandé, le congédia généreusement avec une pièce de vingt francs.

« Va, lui dit-il, et ne recommence plus, car tu m'as fait un mal affreux [1]. »

C'est donc avec une douce émotion que nous lisons ces lignes sorties du meilleur de son cœur :

Ma sœur ! oh ! quel doux temps ce doux nom me rappelle !
Tendre couple buvant à la même mamelle
Que notre jeune mère, en se penchant sur nous,
Asseyait et berçait sur les mêmes genoux !
Ma sœur ! oh ! laisse-moi l'effacer pour l'écrire
Ce nom que mon regard n'est jamais las de lire,
Ce nom que j'écrirais du soir au lendemain
Si je laissais mon cœur s'écrouler sous ma main [2].

....

Et de *Jocelyn*, cette idylle pure et lumineuse, toute faite de sacrifices et de résignation, gardons encore ce trait sublime :

Quand celui qui voulut tout souffrir pour ses frères,
Dans sa coupe sanglante eut vidé nos misères,
Il laissa dans le vase une âpre volupté :
Et cette mort du cœur qui jouit d'elle-même,
Cet avant-goût du ciel dans la douleur suprême,
O mon Dieu, c'est ta volonté !

J'ai trouvé comme lui dans l'entier sacrifice
Cette perle cachée au fond de mon calice,

[1] Inédit.
[2] *Jocelyn*, 6e époque, p. 184.

Cette voix qui bénit à tout prix, en tout lieu,
Quand l'homme n'a plus rien en soi qui s'appartienne,
Quand de ta volonté ta grâce a fait la sienne,
Le corps est l'homme, et l'âme est Dieu !

Ce chef-d'œuvre n'était, paraît-il, qu'un épisode des *Visions*, épopée grandiose qui lui avait été révélée sous le ciel éblouissant de la campagne romaine [1] et dont il se promettait la réalisation au soir de l'existence, après l'action de l'homme et celle du jour !

Jocelyn, suivi de *La Chute d'un ange*, devait l'être encore des douze mille vers des *Pêcheurs ;* mais, de ces derniers, nulle trace : ils disparurent, sans espoir de retour, pendant un voyage aux Pyrénées.

Un jeune ami [2], — familier de la maison, — qui déplorait cette perte, ayant incité le Poète à se souvenir, s'attira cette réponse : « Je n'ai jamais pu mettre dans ma tête un vers de Lamartine. Ils n'entrent pas dans le cadre de ma mémoire. C'est une affaire d'éducation classique ».

*
* *

Un bon chien furette... montre sa tête au-dessus du buisson et, tout de suite, on croit reconnaître Fido (le fils du chien de Jocelyn), qui ne quittait guère le Poète, assistait à ses

[1] Janvier 1821.
[2] H. de Lacretelle : *Lamartine et ses amis.*

repas, couchait dans sa chambre, prenait place près de son bureau, l'accompagnait dans ses voyages sur terre et sur mer (sans omettre la Palestine).

Fido a donc sa page marquée dans l'œuvre palpitante de Lamartine, page de choix que tout le monde connaît et que chacun relit avec plaisir. La voici :

O mon chien ! Dieu seul sait la distance entre nous ;
Seul Il sait quel degré de l'échelle de l'être
Sépare ton instinct de l'âme de ton maître ;
Mais seul Il sait aussi par quel secret rapport
Tu vis de son regard et tu meurs de sa mort,
Et par quelle pitié pour nos cœurs Il te donne,
Pour aimer encor ceux que n'aime plus personne.
Aussi, pauvre animal, quoique à terre couché,
Jamais d'un sot dédain mon pied ne t'a touché ;
Jamais d'un mot brutal contristant ta tendresse,
Mon cœur n'a repoussé ta touchante caresse,
Mais toujours, ah ! toujours en toi j'ai respecté
De ton maître et du mien l'ineffable bonté,
Comme on doit respecter sa moindre créature,
Frère à quelque degré qu'ait voulu la nature.
Ah ! mon pauvre Fido, quand tes yeux sur les miens,
Le silence comprend nos muets entretiens ;
Quand, au bord de mon lit épiant si je veille,
Un seul souffle inégal de mon sein te réveille ;
Que lisant ma tristesse en mes yeux obscurcis,
Dans les plis de mon front tu cherches mes soucis,
Et que, pour la distraire attirant ma pensée,
Tu mords plus tendrement ma main vers toi baissée,
Que comme un clair miroir ma joie ou mon chagrin
Rend ton œil fraternel inquiet ou serein ;
Que l'âme en toi se lève avec tant d'évidence,
Et que l'amour encor passe l'intelligence,

Non, tu n'es pas du cœur la vaine illusion,
Du sentiment humain une dérision,
Un corps organisé qu'anime une caresse,
Automate trompeur de vie et de tendresse.
Non, quand ce sentiment s'éteindra dans tes yeux,
Il se ranimera dans je ne sais quels cieux.
De ce qui s'aima tant, la tendre sympathie,
Homme ou plante, jamais ne meurt anéantie :
Dieu la brise un instant, mais pour la réunir ;
Son sein est assez grand pour nous tous contenir !
Oui, nous nous aimerons comme nous nous aimâmes.
Qu'importe à ses regards des instincts ou des âmes ?
Partout où l'amitié consacre un cœur aimant,
Partout où la nature allume un sentiment,
Dieu n'éteindra pas plus sa divine étincelle,
Dans l'étoile des nuits dont la splendeur ruisselle,
Que dans l'humble regard de ce tendre épagneul
Qui conduisait l'aveugle et meurt sur son cercueil !!

....

Oh ! viens, dernier ami que mon pas réjouisse,
Ne crains pas que de toi devant Dieu je rougisse ;
Lèche mes yeux mouillés, mets ton cœur près du mien,
Et, seuls à nous aimer, aimons-nous, pauvre chien !

Le chien de garde, qui a découvert mon asile, bondit, jappe, flaire, me lèche, comme si nous étions d'anciennes connaissances, et, par ses aboiements joyeux, me force à le suivre ; chemin faisant, il se désaltère dans une mare d'eau verdâtre, entourée de broussailles, lieu quelque peu sombre et sinistre, dont j'ai hâte de sortir, je ne sais pourquoi.

Nous sommes à la fin de la chênaie et nous grimpons un petit raidillon qui nous conduit directement à une métairie : coqs, poules, poussins, poulains, qui peuplent la grange, viennent à notre rencontre et, par leur mine significative, nous souhaitent la bienvenue.

« Entrez, entrez, crie une voix tremblotante de vieille femme, ne craignez pas de déranger. »

Le son me guide... je traverse la cour et je m'avance vers les marches extérieures d'une galerie de pierres brutes, formant l'entrée de la maison, protégée d'un côté par un rideau vertal de vigne vierge où gazouillent les hirondelles ; sur le rebord sont alignés des pots de bégonias et de géraniums, au-dessus desquels sont suspendus à des lattes des régimes de maïs et des cages où sèchent les petits fromages de chèvre, spécialité du canton.

La femme qui m'adresse la parole est une pauvre paralytique, réchauffant ses membres ankylosés au soleil.

« Vous venez de loin, bien sûr, faire un tour au pays de M. de Lamartine ? Je ne suis guère belle pour vous recevoir, ajoute-t-elle, mes enfants sont au champ en train de butter les pommes de terre ; mais, asseyez-vous tout de même — il fait bien chaud — et vous vous rafraîchirez avec quelques cerises de notre verger. »

L'accueil est cordial et j'accepte.

« Oh ! oui, continue-t-elle, je l'ai bien connu, ce bon monsieur de Lamartine.

« Au commencement de mon mariage, j'allais aider les domestiques du château dans les moments de presse et je servais à table quand on donnait des dîners d'amis ou des banquets.

« M. de Lamartine veillait au service, car il n'aurait pu supporter la plus légère infraction ; il donnait des ordres pour les vins qui devaient être versés, commandait à la cuisine les plats que ses amis préféraient, il donnait même des recettes culinaires, entr'autres une salade cuite composée de dix espèces.

« M. de Lamartine recevait bien, je vous assure, mais il se désintéressait de lui, complètement. Que mangeait-il ? Trois fois rien... de la courge, des épinards, quelques pommes de terre sautées au beurre, rarement de la viande et beaucoup de fruits ; il n'aimait pas la chair, mais la sève, disait-il.

« J'avais conservé, par souvenir du temps de M. de Lamartine, des petits riens, quoi, mais qui me faisaient plaisir à regarder, parce qu'ils lui avaient appartenu, comme une tasse ébréchée, une assiette fêlée, et puis le tout a été cassé. Que me reste-t-il ? Quelques feuillets des journaux du *Conseiller du Peuple,* des *Foyers du Peuple,* du *Civilisateur,* que je ne peux plus lire, maintenant, puisque mes yeux s'en vont... mais, j'ai retenu du livre de *Geneviève* la « Prière de la servante », que j'avais apprise par cœur. Vous devez savoir que M. de Lamartine n'écrivait pas seulement en vers pour les citadins, mais encore d'une façon très simple pour les villageois comme nous. Si cela ne vous ennuie pas, je vais vous la réciter ; vous m'excuserez si quelques phrases me font défaut ; mais, à mon âge, il est bien permis de manquer de mémoire, n'est-ce pas ?

« — Je vous écoute ».

Mon Dieu ! faites-moi la grâce de trouver la servitude douce et de l'accepter sans murmure, comme la condition que vous avez imposée à tous, en nous envoyant en ce monde. Si nous ne nous servons pas les uns les autres, nous ne servons pas Dieu, car la vie humaine n'est qu'un service réciproque. Les plus heureux sont ceux qui servent leur prochain sans gages, pour l'amour de Vous. Mais nous autres, pauvres servantes, il faut bien gagner le pain que vous ne nous avez pas donné en naissant. Nous sommes peut-être plus encore agréables à vos yeux pour cela, si nous savons comprendre notre état ; car, outre la peine, nous avons l'humiliation du salaire que nous sommes forcées de recevoir pour servir souvent ceux que nous aimons : nous sommes de toutes les maisons et toutes les maisons peuvent nous fermer leurs portes ; nous sommes de toutes les familles et toutes les familles peuvent nous rejeter.

....

Accordez-moi de connaître les devoirs, les peines et les consolations de mon état; et après avoir été ici-bas une bonne servante des hommes, d'être là-haut une heureuse servante du Maître parfait.

Après une pause, l'infirme releva la tête et me prit la main en disant :

« Prier ! oh ! comme cela fait du bien !...

« Vous avez là de jolies fleurs... autrefois, quand j'étais jeune, j'allais aussi cueillir des marguerites que je portais à l'église sur l'autel de la Sainte-Vierge.

« — Je vais vous en laisser.

« — Bien volontiers, elles me tiendront compagnie après votre départ, elles me rappelleront le passé, tissé de jours heureux dans le travail et la probité; mes enfants suivent l'exemple du père, comme, lui et moi, avons suivi l'exemple de nos parents. Maintenant, je subis le sort commun réservé à la vieillesse et je supporte mes misères avec résignation. Je suis prête à partir quand le bon Dieu voudra. Les morts nous assistent, croyez-moi ; quand on les aime, ils sont plus forts que les vivants.

« — Et c'est en réunissant toutes les qualités de la femme chrétienne que vous avez trouvé le chemin de la sainteté, bonne mère, par la prière, l'action, l'exemple, la résignation et la communion des âmes.

« Savez-vous ce que M. de Lamartine disait, à propos de la vieillesse :

«S'il est beau d'être jeune, s'il est beau d'être mûr, il est peut-être encore plus beau de vieillir avec les fruits amers mais sains de la vie dans l'esprit, dans le cœur et dans la main».

Sur ce, avisant un pichet de grès, j'allai puiser de l'eau à la source chantante de la cour, pour y mettre les marguerites ; goutte à goutte, le vase se remplit, déborda... et je le posai auprès de la bonne vieille toute réjouie.

« Quoique je ne vous connaisse pas, dit-elle, vous m'avez rassérénée !

« Vous reviendrez encore l'année prochaine, n'est-ce pas ? »

Pour mon édification, elle me cite le bel exemple d'une admiratrice de Lamartine qui en est à son cinquantième pèlerinage depuis le grand deuil national du 28 février 1869.

A cette date, elle avait alors vingt-deux ans et lisait *Graziella*, *Raphaël*. Aujourd'hui qu'elle est âgée de quatre-vingts ans, on peut l'interroger sur les cent ouvrages du Poète, elle récite avec facilité, sa mémoire a tout retenu.

Je promets de l'imiter, si Dieu m'accorde de telles années de grâces.

MIDI

Le coucou chante dans les bois...

Le ciel est resplendissant... la terre est chaude !

J'erre dans les sentiers pierreux, dans les chemins creux, ravinés, bordés de haies vives, de framboisiers, de chèvrefeuilles sauvages ; je m'enfonce dans les sous-bois, où se cache la fraise, où mûrit la noisette, et je monte la colline d'où j'aperçois le château féodal de Saint-Point avec ses deux grosses tours jaunes, rondes et massives, la tour de l'horloge avec ses mâchicoulis datant du XIIe siècle, le grand parc avec ses vastes pelouses, ses marronniers, ses acacias, ses magnolias, ses sapins, ses buis et ses charmilles.

Je retarde la minute qui me rapproche de la demeure du divin Poète, afin de savourer davantage mon bonheur si près de s'échapper.

Je m'oriente à savoir quelles sont les fenêtres du salon, illustré de tous les portraits de famille, de la bibliothèque, de la chambre, du bureau où il a tant rêvé, tant écrit, tant souffert !!

Et voici que deux agneaux bêlant se couchent à mes pieds... Réellement, les animaux de Saint-Point ne sont pas ordinaires, ils font fête au passant comme nulle part ailleurs et attendent qu'on leur parle en les caressant.

Pasteur ou pastourelle ne doit pas être éloigné et je trouve, en effet, la bergère, abritée sous un chapeau de paille bise, de forme et de mode immémoriales.

Elle ne ressemble pas positivement à une bergère de Trianon : c'est une petite taille, emprisonnée dans un corsage à basques, une jupe à fronces, de cotonnade bleue à bouquets blancs.

Elle se promène en filant sa quenouille ; le brin de laine, léger, vaporeux, se suspend au fuseau qui tourne et se dévide et cette occupation absorbe tellement l'isolée qu'elle ne me prête aucune attention.

Je lui présente les imprudents.

Elle consent à lever la tête et je vois une figure rugueuse comme l'écorce d'un chêne, brunie par le hâle, qu'illuminent deux yeux bleus, aussi clairs, aussi candides que ceux d'un enfant.

« Que voulez-vous, répond-elle, c'est jeune, ça ne sait pas le danger ; si j'écoutais ces innocents, il me faudrait les dorloter du matin au soir et je n'ai guère le temps de m'amuser, car je dois tirer vingt-quatre fuseaux à la livre pour avoir une paire de bas.

— Vous tricotez donc la laine que vous filez ?

— Certainement; où trouve-t-on du solide, aujourd'hui ? »

Elle restait debout dans un rayon de soleil, tout en continuant de tordre sa laine avec dextérité et délicatesse, sans souci de savoir qui j'étais, d'où je venais, où j'allais...

« Plus je travaille, plus je suis contente, ajouta-t-elle; avec cela, je n'envie personne ! « Rien n'est meilleur que le travail », disait feu mon mari.

— Et « le pain bien gagné craque mieux sous la dent », disait votre grand compatriote [1].

Que faisait-il votre mari ?

— Il était vigneron chez M. de Lamartine.

Certes, M. de Lamartine avait de belles terres, ici, à Milly et à Monceau, qui lui auraient rapporté moult d'argent, si toutes

[1] Lamartine : Lettre à Alphonse Karr, 1857, *op. cit.*, 25e Entretien, t. V, p. 23.

les années avaient été aussi remarquables que celles de 1865 et 1869. La récolte produisit jusqu'à deux mille quatre cents pièces de vin.

M. de Lamartine était fier de ses vignes, allez ; n'avait-il pas voulu qu'on l'appelât : « le plus grand vigneron de France ». Il disait que les vignes font comme un immense tapis vert, que le soleil et les nuages étaient les deux croupiers qui jetaient les trésors ou la ruine. Et c'est bien vrai.

— Est-ce que vous vous rappelez M. de Lamartine ?

— Si je m'en rappelle ? Oh ! que oui ! et ceux qui l'ont vu ne peuvent pas l'oublier, je vous assure.

Ah ! c'était un homme de belle mine et si bon qu'il n'a jamais fait de peine à personne ; si généreux, qu'il aurait payé ses vignerons plutôt trois fois qu'une ; ce n'était pas des sous qu'il distribuait aux mendiants nomades, mais des pièces d'or, s'il vous plaît ! Il donnait comme un seigneur, sans compter, par 500 francs, 1.000 francs ; aux mères de famille, il leur faisait tendre leur tablier pour y jeter des 2.000 francs comme il y aurait jeté des fleurs et avec tant de gracieuseté qu'elles en restaient confondues et pleuraient quasiment de joie !

En vingt ans, les pauvres du département ont reçu plus de 200.000 francs, savez-vous !

Mais à force de donner de tous les côtés, d'enrichir tout le monde à ses dépens, vous comprenez bien qu'on se ruine à la fin des fins, et « lui », qui fut un si grand de la terre, a bien toujours souffert dans son corps et dans son âme !

Ses rhumatismes inflammatoires ne lui laissaient guère de répit; il se sentait crucifié par des clous de feu, enfoncés par des marteaux de fer, disait-il.

Et son moral, n'a-t-il pas été fatigué par toutes les vicissitudes qu'il a subies, toutes les persécutions que lui suscitaient des jaloux?

Et cependant, c'était un homme de bien, un homme loyal et de bonne foi et qui mérite bien que son nom soit glorifié !

— Espérons qu'il le sera d'âge en âge, de génération en génération. Remarquez que mon voyage à Saint-Point a pour seul but d'honorer son illustre mémoire.

— A la bonne heure !

Et puis, il faut aussi penser à sa chère femme, qui l'aidait dans ses bonnes œuvres.

M. de Lamartine avait fait construire, près de l'église, deux maisons bien confortables, entourées d'un jardin, l'une pour M. le Curé, l'autre pour des religieuses qui s'occupaient des malades et des petits enfants.

Chaque jour, Mme de Lamartine consacrait l'après-midi à l'instruction religieuse des fillettes de l'école ; elle avait même écrit un petit livre à leur intention, intitulé : *Explication familière des vérités de la religion.*

Sa devise était : « A cœur vaillant, rien d'impossible ».

Elle excellait dans la peinture et dans la statuaire, et vous pourrez voir dans notre paroisse deux grands tableaux exécutés par ses soins représentant sainte Elisabeth et sainte Geneviève.

Chaque année, M. et Mme de Lamartine organisaient une loterie de charité à Paris, leur résidence d'hiver, et comme les plus beaux lots étaient des vers du Poète écrits de sa main ou des objets artistement décorés par sa femme, il en résultait toujours des recettes très fructueuses pour les pauvres gens.

Je vous causerais longtemps encore sur ce chapitre ; mais entendez-vous le coucou qui chante au fond des bois ?...

Il annonce la pluie.

Les averses arrivent vite dans nos parages, aussi vais-je rentrer mes agneaux.

Venez, venez, les petits !!

Au revoir et bonne chance. Hâtez-vous donc, si vous voulez visiter le château ».

*
* *

Qui croire ?

D'une part, la bergère rentre ses moutons.

D'autre part, je croise, dans le sentier pierreux, un vieux conscrit, d'allure martiale, de tête altière couverte d'un bonnet à poil, armé d'un bâton, chaussé de gros sabots et qui mène au vert une douce génisse.

Un salut militaire et un bonjour s'échangent. J'en profite pour poser la question du temps :

« Pleuvra-t-il, aujourd'hui ?

— Plaît-il ? »

Je réitère ma demande et n'obtiens que ce mot : « Plaît-il ? »

Evidemment, le brave Bourguignon n'a pas entendu le coucou et j'interroge plus fort : « Pleuvra-t-il, aujourd'hui ? »

Mon interlocuteur lève ses petits yeux clignotants vers la voûte céleste, cherche en vain des nuages qu'il n'aperçoit pas et s'étonne de mon émoi.

« Pleuvoir ? avec un ciel pareil !

M'est avis que vous venez pour M. de Lamartine ; eh ! bien, vous pouvez poursuivre votre chemin jusqu'à Milly, Monceau, Mâcon, sans crainte de recevoir une goutte d'eau, c'est moi qui vous le dis. »

Puis il étendit le bras et me montra du doigt trois maisons aux tuiles rouges, réparées à neuf.

« Vous voyez ces maisons, ces noyers, ces sorbiers, ces pêchers, ces pommiers, ces pruniers, ces champs de seigle, cette vigne, ce pré, tout cela est à moi. Je cultive mes terrains moi-même et je vais encore aider les compagnons au temps de la fenaison, de la moisson et des vendanges, puisque la jeunesse fait défaut de nos jours. Je grimpe encore aux arbres fruitiers comme un gamin. Quel âge me donnez-vous ? dit-il en se redressant.

— A vous voir si dru, vous portez à peine soixante ans.

— Je suis né le 24 février 1848 ; alors, calculez ! Les années ne me pèsent guère, je marche devant moi sans regarder par derrière. J'aime la terre, moi, cette bonne mère nourricière, et, ma foi, je lui ai donné tous mes sous... et je ne le regrette pas !

M. de Lamartine, qui était un homme de bon sens, l'aimait aussi, il l'admirait, il la chantait, et quand on aime la terre, on aime son pays !

M. de Lamartine était un grand patriote, un homme d'action, et il l'a bien prouvé, n'est-ce pas, pour faire triompher la bonne cause et sauver la France d'un grand péril ?

Il paraît que, lorsque ce héros montait à la tribune, toute la Chambre des députés se levait pour le saluer.

Parfois, le dimanche, je revois son *Histoire des Girondins*, l'*Histoire de la Révolution de 1848* et ses *Discours parlementaires*, que mon père avait conservés pour me les transmettre. Au moins, ceux-là sont lisibles, les phrases coulent comme de l'eau de roche... et l'on y sent la conscience ! Ah ! la conscience !... Quand je lis du Lamartine, cela m'éclaire intérieurement et je suis satisfait.

Les événements peuvent changer la face des choses, mais le fond de l'homme reste toujours le même, allez ; les hommes de demain seront ceux d'hier, la meule tourne, voilà tout, et M. de Lamartine, qui avait bonne vue et connaissait le cœur humain, peut bien être aussi regardé comme un prophète ; s'il n'a pas toujours été compris, quoique proclamant la vérité, c'est qu'il surpassait son siècle ! c'est moi qui vous le dis.

« Vive Lamartine ! »

Et le vétéran me quitta en fredonnant une vieille chanson française...

LES VRAIS AMIS

Un saule de Babylone, aux feuilles longues et blondes, aux rameaux aberrants au-dessus d'un mur, aux branches éplorées qui se penchent sur une jolie pièce d'eau, couverte de nénuphars roses et de nénuphars blancs, me fixe auprès d'une grille l'entrée du parc du château de Saint-Point [1].

Me voici dans cet éden de paix, de l'amitié, et des souvenirs intimes.

Je longe cette belle avenue, unie, sablonneuse, ombragée, que Lamartine a traversée si souvent d'un pas rapide, le visage souriant, les mains tendues pour venir au-devant de ses hôtes.

Il les introduisait dans sa demeure avec ce geste très ample de la bonne courtoisie et les installait lui-même dans leur chambre respective, où l'hospitalité la plus large, la plus simple, la plus libre les attendait.

[1] Propriété actuelle du comte et de la comtesse de Noblet, née de Montherot, arrière-petite-nièce du Poète.

Un bon feu de sarments y pétillait, en été comme en hiver, par crainte d'humidité ; sur la table étaient disposés un écritoire, des plumes, de l'encre, du papier à discrétion, et, au chevet du lit, apposé contre le mur, le regard y trouvait toujours un crucifix !

L'homme qui prie est arrivé aussi haut qu'il soit donné à notre nature et à toute nature de monter, il a touché au dernier sommet et au dernier mot de toutes choses créées et incréées : à Dieu, et il semble rapporter, de ce divin contact et de ce céleste entretien avec l'Infini, quelque chose de la majesté de l'éternité et de la sainteté de Dieu même. Je n'ai jamais pu voir un homme prier sans me sentir pénétré d'une secrète amitié, je dirai presque d'une parenté d'âme avec son âme [1].

Le Poète excellait à faire des invitations à la campagne, soit à Saint-Point, à Milly ou à Monceau.

Ce n'était pas seulement le plaisir de le voir et de l'entendre qui attirait chez lui, mais de sentir la confiance, la sincérité, la fidélité, la bonté incommensurable et la chaleur communicante de son cœur.

[1] *Le Nouveau Voyage en Orient*, par M. A. DE LAMARTINE, 1851.

Lettre a M. Aimé Martin [1]

Mâcon, 20 août 1831.

Nous partons demain pour Saint-Point, où je vais avoir une armée d'ouvriers pendant cette saison.

Venez jouir de tout ce mouvement et de tout ce repos. Venez écrire sous le clocher rustique.

Parlez de moi à Mme Aimé Martin et dites-lui de vous accompagner si elle ne craint pas de coucher sur la dure dans une tour ruinée, ni le dîner frugal composé des fruits du jardin et du vin du cru.

A M. Aimé Martin

Milly, 1er décembre 1831.

Venez, avec votre aimable femme, dans la chaumière de Milly, enfumée, mais chaude, nous donner quelques soirées de bonne et haute conversation et quelques journées d'amitié et de sans-façon.

A M. le Comte de Virieu [2]

Mâcon, 23 novembre 1833.

Je reçois ta lettre touchante et bonne comme toute ta vie.

Je serai à Monceau (une lieue de Mâcon, route de Saint-Point) jusqu'au 15 décembre. Tu y auras bonne chambre, du bois à brûler en profusion, un excellent lit et muni de dix à douze couvertures. Je m'en occupe.

Nous causerons et tu me feras du bien.

[1] *Revue de Paris*, octobre 1925.

[2] *Correspondance de Lamartine*, publiée par Mme Valentine de Lamartine, 6 vol. in-8°, t. III, Paris, 1873-1875.

A M. Prosper Guichard de Bienassis [1]

Monceau, 8 octobre 1839.

Nous t'attendons vainement depuis un mois, car c'est le temps où les amis et les hirondelles voyagent. Les tours de Saint-Point ont un nid pour toi comme pour elles et tu réjouirais le cœur de ceux qui les habitent.

Je serai encore ici, Monceau ou Saint-Point, très longtemps et peut-être toujours.

Monceau et Saint-Point sont encore charmants à cette époque de l'année.

Ton lit est fait dans l'un et dans l'autre.

Il y avait aussi, quelquefois, la lettre de reproche — telle la suivante — mais si fine et si délicate, que sa lecture devait assurément augmenter le nombre des regrets.

Lettre a Mme de Girardin

Monceau, 23 novembre 1842.

Enfin, voilà un mot de cette main qui en a tant écrit de ravissants et qui en fait tant désirer maintenant à ses amis. Si c'est pour votre repos, tant mieux !

Mais ce n'est pas cela, dites-vous.

C'est ce voluptueux engourdissement qu'on éprouve à regarder sans voir la nature inanimée dans une sauvage nature et par un beau soleil.

Alors, tant mieux encore. Cette paresse-là est divine. Non seulement je vous la pardonne,

[1] *Op. cit.*, t. IV.

mais je vous la souhaite mille heures par jour. Mais, est-ce qu'il n'y avait ni montagnes, ni bruyères, ni ciel bleu et profond, ni éblouissant soleil à Saint-Point ? Au contraire, il n'y a que cela. Que ce soit donc pour une autre année. Vous êtes cause que je n'ai joui de rien de celle-ci, parce que je vous ai toujours attendue. Et comme je me défie justement de ma propre « amabilité », j'ai eu du monde sans interruption à votre intention jusqu'aujourd'hui.

Enfin, n'en parlons plus.

M. de Girardin me trouvera à travers les frimas, les brouillards, la glace et les inondations à une heure de Mâcon, dans un château bien triste, sur la route de Cluny. Cela s'appelle : Monceau. Je serai enchanté de vingt-quatre à cent heures de causerie avec lui [1].

Si Lamartine écrivait environ une trentaine de lettres par jour, qu'il scellait de cire rouge ou noire, avec son cachet d'or ou sa chevalière aux simples initiales A L surmontées de la couronne de comte, il recevait un courrier à couvrir tout son billard ; ces lettres, qui se chiffraient par dix mille à l'année, Lamartine les conservait toutes : malles, coffres, placards, combles en étaient remplis.

Pour suffire à sa dose d'activité, il fallait nécessairement un règlement et de l'ordre dans son temps.

[1] *Op. cit.*, t. IV.

Lamartine se levait à 4 heures du matin, allumait lui-même son feu dans son cabinet de travail carrelé, préparait son petit déjeuner, composé d'une tasse de thé, ouvrait la porte-fenêtre, aspirait l'air frais sur son balcon, émiettait du pain pour le réveil des paons et des palombes et rentrait dans son sanctuaire — voûté comme une chapelle — capitonné de reps à rayures vertes, où ses petits oiseaux des îles, ses perruches, son perroquet, répondaient à sa voix.

Et devant le portrait en miniature de sa tendre et pieuse mère, Lamartine se demandait : « Que me conseillerait-elle ? »

Et il écrivait des prodiges, tantôt devant sa table de bois noir, tantôt sur ses genoux, assis au coin du feu, avec une abondance inépuisable...

....

....

Quand je sens qu'un soupir de mon âme oppressée
Pourrait créer un monde en son brûlant essor,
Que ma vie userait le temps, que ma pensée,
En remplissant le ciel, déborderait encor,
Jéhovah ! Jéhovah ! Ton nom seul me soulage,
Il est le seul écho qui réponde à mon cœur.

Sans perdre contact avec les réalités de l'existence, Lamartine sortait de son esprit de solitude vers 8 heures du matin ; la vie intense reprenait et il s'occupait de ses vignerons, de ses affaires personnelles et d'intérêt. Il ne revoyait ses hôtes qu'à midi.

Après le déjeuner, on allait prendre le café dans le salon de damas bleu à trèfles blancs, mais, le plus souvent, on se rendait à la « chaumière », gentil pavillon situé sur une petite éminence au milieu du jardin. Là, on faisait circuler des chibouks, ressouvenirs du voyage d'Orient, du tabac de Latakieh, des cigares, que Lamartine ne fumait jamais qu'à moitié.

La conversation devenait familière, enjouée. Lamartine appréciait la gaieté douce ; il parlait peu, mais il écoutait avec bienveillance et attention ses convives de tous les âges auxquels il trouvait toujours des mérites particuliers et des qualités exceptionnelles.

Parmi les assidus à Saint-Point, il convient de citer les vrais amis, sans reproches, tels :

Amédée de Parseval, presqu'un frère, le confident discret, le premier dans l'épreuve, le compagnon du voyage en Orient et des jours funèbres de Beyrouth.

Le beau Léon Bruys d'Ouilly, voisin au delà de la montagne, conteur amusant, animateur de toutes les sociétés.

Aimé Martin, l'ami si complaisant.

Charles Alexandre, secrétaire intime, d'un dévouement inlassable.

Louis de Ronchaud, amateur de beaux-arts.

Henri de Lacretelle.

Hippolyte Boussin, zélé en toutes circonstances.

M. de Chamborant.

M. de Champeaux.

M. Dubois, habitant Cluny, homme intègre et de bon conseil, surnommé « le terre-neuve de Lamartine ».

M. Desplace, de Mâcon.

M. Antoine Campaux, des Vosges.

Mme Aimé Martin, Mme de Girardin et les sœurs du Poète rehaussaient de leur beauté et de leur esprit cette compagnie *select*.

Ses nièces : Alix, Céline, Valentine, les deux jumelles Alphonsine et Cécile de Glans de Cessiat y ajoutaient la grâce et la séduction de leur jeunesse ; elles considéraient leur oncle comme un dieu ; aussi ne se faisaient-elles pas prier lorsqu'il « les obligeait impérieusement à le câliner » [1] et ainsi, écoutaient avidement ses paroles.

Faites comme nous, laissez couler l'eau surabondante du trouble, laissez retomber le sable et ne recueillez dans votre mémoire que ce peu d'or du cœur qu'on appelle un bon sentiment, un beau vers, une tendresse de famille, une

[1] Senza : *En marge de Lamartine*, p. 144.

larme d'émotion pour ce qui est bien, une pitié pour ce qui est mal, une contemplation pieuse de la nature, une admiration de son auteur, une résignation à ses décrets, une foi dans sa providence, une évidence de votre immortalité [1].

Pendant les grandes chaleurs de l'été, on recherchait surtout la fraîcheur des sept tilleuls de la terrasse dont le faisceau forme un dôme merveilleux, ou bien l'ombre d'un géant de trois siècles, auprès du porche gothique ; là, on s'asseyait sur un banc de pierre, d'époque moyenâgeuse, devant une table de pierre grise d'auguste mémoire : l'un et l'autre provenaient des décombres du luxe monacal de Cluny ; autrefois, ils avaient vu passer les personnages éminents de la plus grande église de la chrétienté ; spectateurs inanimés, ils avaient entendu des flots d'éloquence.

Ce fut sur ce banc que Pierre le Vénérable, abbé mitré de Cluny, eut de longs entretiens avec saint Bernard ; ce fut sur cette table de pierre qu'Abélard, le rhéteur, pensa, écrivit, courba la tête et pleura...

Et maintenant, écoutons le Maître, celui qui, d'après Mme de Girardin, avait créé : « l'Ecole des Elus » [2].

[1] *Lectures pour tous*, préface (1854).
[2] Mme DE GIRARDIN : *Lettres parisiennes*.

Un si beau jour, dans un si beau lieu, est admirablement choisi pour parler du beau, dans la littérature et dans l'art. Mais avant de l'analyser en lui-même, cet art, disons un mot de cette passion sereine et impersonnelle du beau qui possède certaines âmes d'élite venant en ce monde qui les séquestre, pour ainsi dire, des vulgarités de notre vie à nous, active, triviale, et qui les nourrit sans aliments visibles (excepté, peut-être, quelque amour sans récompense, voilé et innomé dans le rêve du cœur).

« Il y a, dit Hérodote, dans les oasis et sur les rocs calcinés de la haute Egypte, un oiseau qui ne mange aucun fruit d'arbre, aucun grain d'herbe, qui ne traverse jamais le désert pour aller se désaltérer aux flots du Nil, mais qui boit la rosée et qui se nourrit exclusivement des splendeurs et des rayons vitaux du soleil. »

Admirable symbole de ces âmes sobres d'ici-bas, qui ne vivent que du beau et pour le beau.

Telle est la vie recueillie et cénobitique de ces heureux et rares esprits, jouissant de tout, cultivant tout, divinisant tout, qu'on appelle de ce doux nom « les dilettanti » en Italie, les « amateurs » en France.

C'est un même nom, « ceux qui aiment », ceux qui aiment sans intérêt ce qui mérite le plus d'être aimé ici-bas, le bien, le beau, la vertu, le génie, le rayon divin transperçant à travers toutes choses humaines, âme ou marbre.

Il n'y a rien de plus grand que l'admiration ; elle est plus grande même que le génie, car elle est le génie désintéressé de soi-même, l'amour pour l'amour, le beau pour le beau [1].

Quelquefois, souvent même, on retenait le châtelain au salon, à la chaumière ou sur la terrasse en lui demandant la faveur d'une lecture à haute voix et il acquiesçait au désir de ses hôtes, avec ce sourire incomparable qui lui donnait tant de prestige et ajoutait un charme de plus à sa suprême distinction.

Sa voix merveilleuse, inimitable, bien timbrée, émettait des ondes dont les nuances variées pétrifiaient d'émotion ses auditeurs.

Je me souviens d'avoir vu, certain jour, le manuscrit de *La Mort de Socrate*, composé sur un petit album à dessins de forme oblongue [2], et c'est avec une piété littéraire que je redis, ici, ces courts passages, extraits de cet admirable poème philosophique :

Quoi ! vous pleurez, amis ! vous pleurez quand mon âme,
Semblable au pur encens que la prêtresse enflamme,
Affranchie à jamais du vil poids de son corps,
Va s'envoler aux dieux, et, dans de saints transports,
Saluant ce jour pur, qu'elle entrevit peut-être,
Chercher la vérité, la voir et la connaître !
Pourquoi donc vivons-nous, si ce n'est pour mourir ?
....

[1] *Cours familier de littérature*, 76e Entretien, t. XIII.
[2] Exposition des romantiques, Paris, mai 1927, place des Vosges, collection de M. Barthou.

Mourir n'est pas mourir, mes amis, c'est changer !
Tant qu'il vit, accablé sous le poids qui l'enchaîne,
L'homme vers le vrai bien languissamment se traîne.

....
....

L'âme, pour soutenir sa céleste nature,
N'emprunte pas des corps sa chaste nourriture ;
....
.................................elle vit de pensée,
De désirs satisfaits, d'amour, de sentiments,
De son être immortel immortels aliments.
Grâce à ces fruits divins que le Ciel multiplie,
Elle soutient, prolonge, éternise sa vie,
Et peut, par la vertu de l'éternel amour,
Multiplier son être, et créer à son tour !

....
....

L'intrépide Cébès, penché sur notre ami,
Rappelant dans ses yeux l'âme qui s'évapore,
Jusqu'au bord du trépas l'interrogeait encore :
« Dors-tu ? lui disait-il ; la mort, est-ce un sommeil ? »
Il recueillit sa force, et dit : « C'est un réveil !
— Ton œil est-il voilé par des ombres funèbres ?
— Non, je vois un jour pur poindre dans les ténèbres.
— N'entends-tu pas des cris, des gémissements ? — Non !
J'entends des astres d'or qui murmurent un nom !
— Que sens-tu ? — Ce que sent la jeune chrysalide
Quand, livrant à la terre une dépouille aride,
Aux rayons de l'aurore ouvrant ses faibles yeux,
Le souffle du matin la roule dans les cieux.
— Ne nous trompais-tu pas ? Réponds : l'âme était-elle ?...
— Croyez-en ce sourire, elle était immortelle !...
— De ce monde imparfait qu'attends-tu pour sortir ?
— J'attends, comme la nef, un souffle pour partir.
— D'où viendra-t-il ? — Du ciel. — Encore une parole !
— Non ; laisse en paix mon âme afin qu'elle s'envole !... »

*
* *

Lorsque le poète des *Méditations* et des *Harmonies* délaissa la douce poésie pour affronter la politique et tous les périls de la tribune, combien déplorèrent cet acte d'abdication ! Mais « Lui », le sage, sentait fort bien qu'il ne pouvait se présenter « comme homme sensible à la Chambre sans être perdu sans ressource » [1].

Et c'est pourquoi il répondait à ses amis de cœur et d'esprit, proches ou lontains, connus ou inconnus :

La poésie n'a été pour moi que ce qu'est la prière, le plus beau et le plus intense des actes de la pensée, mais le plus court et celui qui dérobe le moins de temps au travail du jour. La poésie, c'est le chant intérieur. Que penseriez-vous d'un homme qui chanterait du matin au soir ? Je n'ai fait des vers que comme vous chantez en marchant quand vous êtes seul et débordant de force, dans les routes solitaires de vos bois. Cela marque le pas et donne la cadence aux mouvements du cœur et de la vie.

....

Chanter n'est pas vivre, c'est se délasser ou se consoler par sa propre voix.

[1] Lettre à Mme de Girardin, *op. cit.*, t. IV, p. 259.

Voilà pourquoi, aussi, l'homme ne peut ni produire, ni supporter beaucoup de poésie ; c'est que, le saisissant tout entier par l'âme et par les sens et exaltant à la fois sa double faculté, la pensée par la pensée, les sens par les sensations, elle l'épuise, elle l'accable bientôt, comme toute jouissance trop complète d'une voluptueuse fatigue, et lui fait rendre en peu de vers, en peu d'instants, tout ce qu'il y a de vie intérieure et de force de sentiment dans sa double organisation. La prose ne s'adresse qu'à l'idée, le vers parle à l'idée et à la sensation tout à la fois.

Lamartine étudiait les grandes questions et cherchait à résoudre les graves problèmes de l'ordre social.

Où sommes-nous ? Où allons-nous ?

Il savait que la France aurait besoin de sa parole, qu'elle faiblirait et qu'elle aurait besoin d'hommes de valeur pour la relever. Il préparait en secret « l'homme de réserve » [1], il était sur la brèche, prêt à toutes les éventualités, à tous les sacrifices.

Ce fut à Saint-Point qu'il écrivit son traité de *Politique rationnelle* qui le mettait encore plus en évidence à l'esprit des électeurs.

[1] Lettre à M. Aimé Martin, *Revue de Paris*, novembre 1925.

M. Thiers lui écrivait :

On n'est heureux que par ce qu'on a de bon en soi : l'amour, le goût du vrai ; quant à l'ambition, ses satisfactions sont affreuses.

Je ne cesse de parler de vous à M. Molé.

J'en parle à toute la terre.

Si j'avais le pouvoir, vous seriez où votre nom, votre esprit commandent que vous soyez.

Mais cela sera.

Adieu, croyez à mon affection, à ma vive et ardente sympathie pour votre valeur et tâchez de nous revenir [1].

La tribune l'attendait... les discours de cet artisan de la paix, de ce grand humanitaire faisaient sensation, les applaudissements ne tarissaient pas à l'Assemblée, un seul cri sortait de tous les bancs : « Très bien ! Très bien ! »

Après un discours de l'éminent Berryer, le génie de Chateaubriand rendait hommage à la réponse de Lamartine en disant :

Il a été au delà de notre pensée [2].

Et Royer-Collard lui manifestait son admiration par ces paroles :

Vous avez de bien grandes destinées, et les plus grandes, entendez-vous, Monsieur ?

[1] Lettre du 26 septembre 1830 (Lettres à Lamartine par Mme Valentine de Lamartine).

[2] 1er décembre 1840.

Vous êtes le seul homme honnête et public de l'avenir.

Vous avez la plus belle parole du pays et la destinée la plus haute du gouvernement représentatif.

Votre passé poétique a été beau, mais je crois votre avenir politique aussi beau et plus utile.

Et, à de si longues années de distance, il est bon de pouvoir rapprocher et de citer les fragments des deux discours suivants :

Maintenant, je m'adresse à la Chambre tout entière, sans acception d'opinions et des nuances de dissentiment sur quelque partie de la politique. Mon Dieu ! je comprends, et je l'ai dit souvent moi-même, je comprends parfaitement que, dans les questions d'intérieur, on soit divisé, qu'il y ait des disputes sur le plus ou le moins de liberté, sur le plus ou le moins de monarchie que chacun, suivant son système, ses tendances, ses espérances, son impatience de marcher en avant ou son désir de rétrograder, veut apporter dans la forme et dans le fond du gouvernement de son pays, je le comprends.

Mais, Messieurs, quand il s'agit de l'extérieur, de l'attitude du droit, de la dignité, du rang de la patrie entre les puissances, il n'y a plus ni moins, il y a l'unité indivisible de la nation, il y a la France tout entière, la France dont personne, ni Chambre, ni majorité, ni minorité, ni cabinet, n'a le droit d'abdiquer la moindre partie.

Oui, c'est à cette France entière, une, indivisible, que je m'adresse d'ici en vous parlant !

La France doit rappeler qu'elle existe ! [1]

Je sais aussi combien il est difficile à définir, ce mot magique de *fraternité* que nous avons emprunté à l'évangile de la religion pour le jeter dans l'évangile de la politique, afin qu'il y germe avec les vertus et avec une efficacité nouvelle dans nos institutions futures.

J'aurai à traiter dans quelle limite précise, quoique certainement progressive, nous devons enfermer le sens de ce grand et beau mot de fraternité, afin qu'il ne tombe pas comme une dérision de la bouche des hommes d'Etat sur la tête du peuple, mais afin qu'il ait le même sens et dans le cœur du peuple et dans le cœur de l'homme d'Etat, afin qu'il porte dans toutes les lois le fruit véritablement populaire, mais en même temps conservateur de la propriété, de la famille, de l'Etat, qui sont les premières nécessités de notre République : je le sais.

C'est pour cela qu'il ne faut pas de malentendu entre nous. Il faut que tous les voiles soient déchirés. Il faut que tous les abîmes soient sondés.

A cet égard, je suis de l'avis de l'orateur auquel je succède ; il faut s'expliquer, il faut

[1] Discours de M. de Lamartine, député de Mâcon, sur les Affaires étrangères, prononcé à la Chambre des députés. Séance du 16 juin 1846.

s'entendre ; quant à moi, je vais m'expliquer catégoriquement.

On m'a accusé de communisme aussi, et vous avez entendu comment je définissais le communisme et à quelle distance infinie je tenais mon intelligence et ma raison politique éloignées de ces théories aussi contraires à la nature que funestes à la société. Et cependant, je le répète, on m'a accusé aussi de communisme. Sur la foi de quoi ? Sur la foi de certaines paroles que je voudrais avoir sous la main pour vous les relire ici, sur la foi d'un fragment de l'*Histoire des Girondins*, dans lequel, remontant au principe chrétien, philosophique et divin de toutes les institutions parmi les hommes, je montrais ce progrès séculaire que font toutes ces institutions, non pas pour se restreindre, pour s'endurcir, pour se murer dans l'égoïsme, mais pour se répandre et s'universaliser, et où j'applaudissais de toutes mes convictions, de toute mon âme à cette expansion des bienfaits de la société, au nombre desquels je mettais avant tout la propriété et l'universalisation du droit de propriété, comme l'avaient fait avant moi des hommes dont je ne voudrais pas même vous répéter les noms, hommes qui, dans leur délire et dans leurs passions politiques, n'avaient jamais du moins porté l'aberration jusqu'à nier la propriété, cette expression même de la nature.

C'est à tort, certes, que l'on m'a accusé d'abandon du principe de la propriété ; car je ne connais pas en France un homme qui *adore* autant que moi la propriété ; et je me sers à dessein de ce mot qui paraît élever le sentiment au-dessus de la chose. Je dis que j'adore la propriété, non pas seulement comme mobile de tout travail, comme réservoir de toute épargne, comme stimulant de toute industrie, comme rémunération, comme salaire de tous les travailleurs, comme accessibilité sans cesse présente, sans cesse montrée à leurs yeux, pour les appeler, par l'ordre, par l'économie, par la loi même, à la propriété comme nous ; je dis que je l'adore comme principe divin, comme loi de Dieu, et non pas comme loi humaine, comme fibre constitutive de la nature de l'homme, s'il m'est permis de parler ainsi ; il m'a été de tout temps impossible de comprendre aucune nature de société qui n'eût pour base cette loi même de la propriété.

J'ai étudié, aussi profondément qu'il m'était possible de le faire, la nature métaphysique, quoi qu'on dise, de cette institution sociale, et j'y ai reconnu partout la nature pour ainsi dire divine, non seulement la sanction que donnent l'homme et la législation à un principe, mais la sanction sacrée que Dieu donne, par un sentiment même, à une institution.

J'ai reconnu que la propriété n'était pas une loi, mais un instinct, une condition inhérente même à la nature humaine, et qu'il était impossible, sans fausser le sens même de Dieu dans son œuvre humaine, de nier les développements du principe de la propriété [1].

[1] Discours prononcé à l'Assemblée nationale sur le projet de Constitution (conforme au *Moniteur*), 1848.

Par son regard d'aigle, Lamartine fascinait toute une salle et la jugeait.

Et, de par son regard de poète, si mélancolique et si pénétrant, le « grand Inspiré » impressionnait les âmes et les gouvernait.

Cette puissance morale subjuguait et charmait à la fois — puissance qui subsiste et persiste dans tous ses écrits.

Donc, le poète lyrique, le poète épique n'a eu qu'à vouloir pour devenir orateur, historien, publiciste, homme d'Etat.

Rien ne lui était difficile ; il aborda tous les genres, dans toute la force de son génie, avec plénitude et modération.

Et cependant, dira-t-il plus tard : « Je me suis repenti souvent de m'être mêlé des affaires des hommes, mais jamais de leur avoir donné le bon exemple de l'abnégation et de l'humiliation volontaire au lieu de crime ».

*
* *

Si l'éloquence politique avait usurpé la place de la poésie, la Muse de Lamartine ne l'abandonnait pas, elle planait au-dessus de lui et il la retrouva, belle encore, dans les jours les plus angoissés, les plus terrifiants de son existence.

Ce fut d'abord à Saint-Point, dans la solitude des solitudes, que malade, résigné, torturé de soucis, travaillant à l'excès pour améliorer sa situation financière compromise, sa Muse lui dicta *Le Désert*, poésie que Lamartine intercala dans son *Cours familier de Littérature* [1], après dix-neuf ans de vie parlementaire.

Sans doute le désert, comme toute la terre,
Est rude aux pieds meurtris du marcheur solitaire,
Qui plante au jour le jour la tente de Jacob,
Ou qui creuse en son cœur les abîmes de Job !
Entre l'Arabe et nous le sort tient l'équilibre ;
Nos malheurs sont égaux... mais son malheur est libre !
Des deux séjours humains, la tente ou la maison,
L'un est un pan de ciel, l'autre un pan de prison ;
Aux pierres du foyer l'homme des murs s'enchaîne,
Il prend dans ses sillons racine comme un chêne.
L'homme dont le désert est la vaste cité
N'a d'ombre que la sienne en son immensité.
La tyrannie, en vain, se fatigue à l'y suivre,
Etre seul c'est régner, être libre c'est vivre !

Puis à Milly, au hameau de son enfance, dans l'enclos familial, borné par les montagnes du Cratz et du Monsard, sur la terre enflammée des vignes, au gazouillis des fauvettes, la Muse qui présida :

Les Méditations poétiques.
Les Nouvelles Méditations.
La Mort de Socrate.

[1] *Op. cit.*, 1856, t. II, XIe Entretien, p. 408.

Le Dernier Pèlerinage d'Harold.
Le Chant du Sacre.
Les Harmonies poétiques et religieuses.
Jocelyn.
La Chute d'un Ange.
Les Recueillements poétiques.
Les Visions : le Chant du Chevalier.

Cette Muse prodigue se fit entendre à nouveau et lui inspira son dernier chant, sa *dernière harmonie*, l'accord final :

La Vigne et la Maison, dialogue entre mon âme et moi.

Efface ce séjour, ô Dieu ! de ma paupière,
Ou rends-le moi semblable à celui d'autrefois,
Quand la maison vibrait comme un grand cœur de pierre
De tous ces cœurs joyeux qui battaient sous ses toits.
....
On eût dit que ces murs respiraient comme un être
Des pampres réjouis la jeune exhalaison ;
La vie apparaissait rose, à chaque fenêtre,
Sous les beaux traits d'enfants nichés dans la maison.
....
Puis la maison glissa sur la pente rapide
        Où le temps entasse les jours ;
Puis la porte à jamais se ferma sur le vide,
        Et l'ortie envahit les cours.
        ....
O famille ! ô mystère ! ô cœur de la nature,
Où l'amour dilaté dans toute créature
Se resserre en foyer pour couver des berceaux !
Goutte de sang puisée à l'artère du monde,
Qui court de cœur en cœur toujours chaude et féconde
Et qui se ramifie en éternels ruisseaux !
....

Oui, je vous revois tous et toutes, âmes mortes !
O chers essaims groupés aux fenêtres, aux portes !
Les bras tendus vers vous, je crois vous ressaisir.

....

Toi qui fis la mémoire, est-ce pour qu'on oublie?
Non, c'est pour rendre au temps à la fin tous ses jours,
Pour faire confluer, là-bas, en un seul cours,
Le passé, l'avenir, ces deux moitiés de vie
Dont l'une dit jamais et l'autre dit toujours.

....

Toi qui permets, ô père ! aux pauvres hirondelles
De fuir sous d'autres cieux la saison des frimas,
N'as-tu donc pas aussi pour tes petits sans ailes
D'autres toits préparés dans tes divins climats ?
O douce Providence ! ô mère de famille
Dont l'immense foyer de tant d'enfants fourmille,
Et qui les vois pleurer, souriante au milieu,
Souviens-toi, cœur du ciel, que la terre est ta fille
Et que l'homme est parent de Dieu.

Pendant que l'âme oubliait l'heure,
Si courte dans cette saison,
L'ombre de la chère demeure
S'allongeait sur le froid gazon ;
Mais de cette ombre sur la mousse
L'impression funèbre et douce
Me consolait d'y pleurer seul :
Il me semblait qu'une main d'ange
De mon berceau prenait un lange
Pour m'en faire un sacré linceul ! [1]

« O maître de mon cœur, s'écriait Michelet, à la lecture de ces pages; pourquoi dites-vous ces choses, le tant aimé des hommes ! »

[1] 1857.

A ces vains jeux de l'harmonie
Disons ensemble un long adieu.
Pour sécher les pleurs du génie
Que peut la lyre? Il faut un Dieu ! [1]

Encore un pas... un seul pas... et j'atteindrai cette petite porte que Lamartine ouvrit et ferma tant de fois.

...petite porte percée dans un vieux mur tapissé de lierre et de buis. Vous savez que le mur de l'église projette son ombre sur cette partie du jardin et que l'on communique par cette porte dérobée de l'enclos dans le cimetière du village, vous savez que j'ai ajouté à ce cimetière ombragé de vieux noyers un petit coin de terre retranché au jardin, afin que ce petit coin de terre dont j'ai fait don au village fût à la fois la propriété de la mort et la propriété de la famille et que, si la nécessité nous dépouillait un jour de l'habitation et du domaine de Saint-Point, cette nécessité ne fît pas du moins passer ce domaine des morts dans les mains d'une famille étrangère ou d'un propriétaire indifférent.

C'est sur cette frontière neutre, entre le cimetière et le jardin, que j'ai bâti un petit monument funèbre, une chapelle d'architecture gothique, entourée d'un cloître surbaissé, en pierres sculptées, qui protègent quelques fleurs tristes et qui s'élèvent sur un caveau. C'est là que j'ai recueilli et rapporté de loin, près de mon cœur, les cercueils de tout ce que j'ai

[1] *Recueillements : La Cloche.* A Madame Amable Tastu.

perdu sur la route de plus aimé et de plus regretté ici-bas.

Toutes les fois que j'arrive à Saint-Point ou toutes les fois que j'en pars pour une longue absence, je vais seul, à la chute du jour, dire, à genoux, un salut ou un adieu à ces chers hôtes de l'éternelle paix, sur ce seuil intermédiaire entre leur ciel et leur félicité.

Je colle mon front contre la pierre qui me sépare seule de leurs cendres, je m'entretiens à voix basse avec elles, je leur demande de nous envelopper dans nos aridités d'un rayon de leur amour ; dans nos troubles, d'un rayon de paix ; dans nos obscurités, d'un rayon de leur vérité[1].

....

Là repose, dans la terre qu'elle aimait, le cercueil de ma mère tout auprès d'un cercueil plus petit que le sien, qu'elle semble avoir entraîné avec elle... celui-là, mon imagination même n'en soulève pas le linceul, de peur de revoir... ce que je ne veux plus voir que dans le ciel !... [2]

Là, dort dans son espoir celle dont le sourire
Cherchait encor mes yeux à l'heure où tout expire,
Ce cœur source du mien, ce sein qui m'a conçu,
Ce sein qui m'allaita de lait et de tendresses,
Ces bras qui n'ont été qu'un berceau de caresses,
Ces lèvres dont j'ai tout reçu !

[1] Lettre à M. d'Esgrigny, 1849. *Cours familier de littérature*, t. III, p. 236.

[2] LAMARTINE. *Manuscrit de ma mère.*

Là, dorment soixante ans d'une seule pensée,
D'une vie à bien faire uniquement passée,
D'innocence, d'amour, d'espoir, de pureté,
Tant d'aspirations vers son Dieu répétées,
Tant de foi dans la mort, tant de vertus jetées
En gage à l'immortalité !

Tant de nuits sans sommeil pour veiller la souffrance,
Tant de pain retranché pour nourrir l'indigence,
Tant de pleurs toujours prêts à s'unir à des pleurs,
Tant de soupirs brûlants vers une autre patrie,
Et tant de patience à porter une vie
Dont la couronne était ailleurs.

....

Sur cette froide pierre en vain le regard tombe,
O vertu ! ton aspect est plus fort que la tombe,
Et plus évident que la mort !

....

Heureux l'homme à qui Dieu donne une sainte mère !
En vain la vie est dure et la mort est amère,
Qui peut douter sur son tombeau ? [1]

[1] *Le Tombeau d'une mère. Harmonies*, livre III.

LES GRANDES VOIX

Les ormes, les mélèzes, les platanes centenaires qui entourent cette tombe vénérée et sacrée gémissent et s'inclinent sans cesse !

Des échos de vie agitent les rameaux, les feuilles tremblent, on croit entendre des milliers de voix murmurer l'appellation de ce nom si doux à prononcer :

Lamartine ! Lamartine !!

Lamartine, notre chère gloire française, qui fut l'idole des femmes et des foules, reste le plus digne parmi les immortels.

En accord avec les bruissements de la Nature, les grandes voix littéraires d'antan apportent aussi leurs témoignages. Ecoutons-les.

VICTOR HUGO

Telle est la majesté de tes concerts suprêmes
Que tu sembles savoir comment les anges mêmes
Sur les harpes du ciel laissent errer leurs doigts.
On dirait que Dieu même, inspirant ton audace,
Parfois dans le désert t'apparaît face à face
Et qu'Il te parle avec la voix [1].

[1] *Ode à Lamartine*, 3e strophe, juillet 1825. *Odes et Ballades*, livre III.

BÉRANGER [1]

Je n'ai jamais vu comme dans *Jocelyn* le style que nous nommons *racinien* entrer profondément dans les détails de la vie intime, presque à tous ses degrés. Jamais ce vers ne s'est plié aux peintures et aux narrations les plus difficiles avec autant d'aisance et de vérité, tout en conservant son élégance et son harmonie.

C'est là un très grand progrès pour notre poésie. Si un pareil poème eût pu nous venir d'outre-Rhin ou d'outre-Manche, nous n'aurions pas eu assez de voix pour crier au miracle !

Lamartine a été admirable et la France ne reconnaîtra jamais assez le service qu'il lui a rendu au mépris de ses jours. Je le répète souvent : voilà le premier poète qui ait été propre aux grandes choses [2].

SAINTE-BEUVE

Oh ! quand je vous ai dit à mon tour ma tristesse,
Et qu'aussi, j'ai parlé des jours pleins de vitesse,
Ou de ces jours si lents qu'on ne peut épuiser,
Goutte à goutte tombant sur le cœur sans l'user ;
Que je n'avais au monde aucun but à poursuivre ;
Que je recommençais chaque matin à vivre ;
Oh ! qu'alors sagement et d'un ton fraternel
Vous m'avez par la main ramené jusqu'au ciel !

....

« Tel je fus, disiez-vous ; cette humeur inquiète,
Ce trouble dévorant au cœur de tout poète,

[1] *Œuvres complètes.*

[2] 2 mars 1848. Correspondance de Béranger.

Et dont souvent s'égare une jeunesse en feu,
N'a de remède ici que le retour à Dieu ;
Seul, il donne la paix, dès qu'on rentre en la voie ;
Au mal inévitable il mêle un peu de joie,
Nous montre en haut l'espoir de ce qu'on a rêvé,
Et sinon le bonheur, le calme est retrouvé. »
Vous chantez, vous priez comme Abel en aimant ;
Votre cœur tout entier est un autel qui fume ;
Vous y mettez l'encens, et l'éclair le consume ;
Chaque ange est votre frère et quand vient l'un d'entre eux
En vous il se repose, ô grand homme, homme heureux ![1]

ALFRED DE MUSSET [2]

Lamartine, c'est là, dans cette rue obscure,
Assis sur une borne, au fond d'un carrefour.
. . . .
C'est là, devant ce mur où j'ai frappé ma tête,
Où j'ai posé deux fois le fer sur mon sein nu ;
C'est là, le croiras-tu ? chaste et noble poète,
Que de tes chants divins je me suis souvenu.
. . . .
Puisque tu sais chanter, ami, tu sais pleurer.
. . . .
Du ciel et de toi-même as-tu jamais douté ?
Non, Alphonse, jamais. La triste expérience
Nous apporte la cendre et n'éteint pas le feu.
Tu respectes le mal fait par la Providence,
Tu le laisses passer et tu crois à ton Dieu.
Quel qu'il soit, c'est le mien, il n'est pas deux croyances ;
Je ne sais pas son nom, j'ai regardé les cieux.
Je sais qu'ils sont à Lui, je sais qu'ils sont immenses
Et que l'immensité ne peut pas être à deux !

[1] 1827. *Poésies complètes.*
[2] Lettre à Lamartine. *Œuvres complètes*, 1840.

BALZAC[1]

Il est midi, je suis revenu à une heure du matin de chez Mme de Girardin.

Mme de Girardin avait ses deux grands hommes : Victor Hugo et Lamartine.

....

J'ai conquis Lamartine par mon appréciation de son dernier discours (sur les affaires de Syrie) et j'ai été sincère, comme toujours, car véritablement ce discours est magnifique d'un bout à l'autre.

Lamartine a été bien grand, bien éclatant pendant cette session.

GEORGE SAND

C'est toujours le roi !

FRÉDÉRIC MISTRAL

Si j'ai l'heur d'avoir ma nacelle à flot de bon matin,
Sans crainte de l'hiver,
A toi, bénédiction, ô divin Lamartine,
Qui en a pris le gouvernail...
Si ma proue porte un bouquet, bouquet de laurier en fleur,
C'est toi qui me l'as fait.
Et si ma voile s'enfle, c'est le vent de la gloire
Qui dedans a soufflé...
C'est pourquoi tel qu'un pilote qui d'une église blonde
Gravit la colline
Et sur l'autel du saint qui l'a gardé sur mer
Suspend un petit navire...

[1] Lettre à Mme Hanska, Paris, 18 juillet 1846. Correspondance de BALZAC.

Je te consacre Mireille ; c'est mon cœur et mon âme,
C'est la fleur de mes années,
C'est un raisin de Crau qu'avec toutes ses feuilles
T'offre un paysan [1].

VICTOR DE LAPRADE

Lamartine, ce poète des nobles amours que l'on a voulu confiner dans l'étroit vallon de l'élégie, est par-dessus tout un poète religieux, un philosophe, un mage de la nature, le poète de l'universel et du divin. Pas une âme n'a eu plus profondément que la sienne le sentiment, l'intuition de l'infini ; pas un poète n'a réussi comme lui à nous faire voir l'invisible, à nous faire toucher l'immensité, à nous enivrer de l'omniprésence de Dieu.

Lamartine nous prend sur ses ailes, il nous enlève à des hauteurs où plus rien de grossier, de vulgaire, de médiocre n'apparaît à nos regards. Il transforme dans le divin toutes les choses à l'usage de notre âme et cette âme elle-même. Ses moindres esquisses de paysage sont des esquisses du monde invisible. Chacune des promenades que nous faisons avec lui dans les forêts ou sur les grèves est une contemplation et une prière ; il nous saisit d'une main irrésistible, nous arrache à nous-mêmes et à la terre, nous enlève à travers les sphères en un ravissement continu et nous précipite dans le sein de Dieu [2].

[1] A Lamartine. *Les Iles d'or*, traduction française de Mistral.

[2] Préface des *Poésies inédites* de Lamartine.

LE CARDINAL PERRAUD [1]

Oui, après avoir répandu les plus abondantes bénédictions sur le berceau de cet enfant prédestiné, la religion, je dis la religion, Messieurs, et non pas seulement une religion vague et sentimentale, mais la religion avec ses dogmes précis, ses croyances et ses obligations positives, ses rites mystérieux et sacrés, entoura la vieillesse de ce grand homme, lui donna la force de supporter d'inénarrables épreuves ; enfin, le moment venu, lui permit de saluer dans la mort, comme aux jours de son expansive jeunesse, le Libérateur dont la main, céleste messager, porte un flambeau divin.

[1] Evêque d'Autun. Panégyrique de Lamartine au Centenaire (1890), en l'église Saint-Vincent de Mâcon. Le discours fut prononcé après le dernier Evangile.

LE CRÉPUSCULE

Cette belle journée de juin, uniquement consacrée au souvenir du Poète, se termine dans les conditions atmosphériques prévues par la bergère rencontrée ce matin.

Le coucou avait raison.

La température fraîchit, des nuages pommelés sillonnent le ciel bleu et s'amoncellent autour de la lumière crépusculaire; les ombres s'étendent sur la montagne, les grillons font entendre leurs cris stridulants sous l'herbe verte ; les chiens aboient, les chèvres bêlent, les hirondelles, d'un vol rapide, rasent le sol; un grand vent s'élève, entraînant avec lui la poussière des chemins ; les scabieuses et les mauves du cimetière se referment, la terre est altérée... des parfums de printemps de toutes les essences sortent des bois et des prés et se mêlent aux senteurs capiteuses des orangers, qui, sous le balcon du divin Poète, montent dans l'atmosphère comme un pur encens !

La cloche de Saint-Point ne sonne plus l'Angélus, mais le jour baisse, il se fait tard...

et, pour le pèlerin, c'est l'heure de la prière et du départ...

Son cœur se trouble et se recueille...

....

Il y a des âmes méditatives, dit Lamartine, que la solitude et la contemplation élèvent invinciblement vers les idées infinies, c'est-à-dire vers la religion : toutes leurs pensées se convertissent en enthousiasme et en prières, toute leur existence est un hymne muet à la divinité et à l'espérance. Elles cherchent en elles-mêmes et dans la création qui les environne des degrés pour monter à Dieu ; des expressions et des images pour se révéler à Lui ; puissé-je leur en prêter quelques-unes !

Il y a des cœurs brisés par la douleur, refoulés par le monde, qui se réfugient dans le monde de leurs pensées, dans la solitude de leur âme, pour attendre ou pour adorer ; puissent-ils se laisser visiter par une muse solitaire comme eux, trouver une sympathie dans ses accords et dire quelquefois en l'écoutant : « Nous prions avec tes paroles, nous pleurons avec tes larmes, nous invoquons avec tes chants ».

Mais, si quelques-uns de ces esprits qui ne sont plus du monde répondent en secret à mes trop faibles accents ; si quelques-uns de ces cœurs arides s'ouvrent et retrouvent une larme ; si quelques âmes pensives et pieuses me comprennent, me devinent et achèvent en elles-mêmes les hymnes que je n'ai fait qu'ébaucher, c'est assez : c'est tout ce que j'aurais voulu obtenir, c'est plus que je n'ose espérer.

LE CHANT DES FLEURS

De grosses gouttes de pluie tombent sur mes mains jointes... et devant la chapelle funéraire dont l'ogive encadre ces trois mots du texte sacré, écrits en lettres de bronze :

« *Speravit anima mea* »

je dépose le tribut floral de la reconnaissance. Les marguerites — reines-des-prés — s'effeuillent d'elles-mêmes sur la pierre sépulcrale et dans leur simple langage redisent au divin Poète :

« *Nous t'aimons, Lamartine !* »

TABLE DES MATIÈRES

Autun. — Imp. N.-D. des Anges, 1927.

www.ingramcontent.com/pod-product-compliance
Ingram Content Group UK Ltd.
Pitfield, Milton Keynes, MK11 3LW, UK
UKHW020352180726
13839UKWH00003B/1044